JN418895

오월의 섬

김오순 시집

책나무

시인의 말

내 주의 강가로
날 인도하소서
오직 정의를 물같이
공의를 마르지 않는 강같이
흐르게 할지어다(아모스 5/24)
약속하신 그 강가로
주여, 날 인도하소서
마르지 않는 샘물처럼
노래하게 하소서

목차

1부

2부

3부

4부

제1부

아침달

어둠의 반란이 사위어가는 시간
심장에서 정수리를 타고 흐르는
뜨거움을 느끼며
아침달과의 다디단 해후를 한다

간밤의 어둠을 삼켰다 내뿜는 하늘의 입김은
그대로 살풋안개가 되어
하늘과 땅 사이에 희뿌연 장막을 드리우고
이따금 바람이 스치며 들추는 사이사이
언뜻언뜻 보이는 아침달의 요염한 실루엣이
가슴을 두근거리게 한다

겨울과 봄을 내달린 쉼표의 공간
시공을 초월한 인고의 땅에
농심의 간절함이
찰방찰방 물과 함께 채워진 논 위로
잠시 후 모내기하며 치러질
천하의 사람들이 살아갈 큰 근본 의식을
축복이라도 하려는 듯
아침달이 보석처럼 박혀 반짝인다

하, 올해도 풍년 들겠다

부활

세월 따라 가버린 이들은 말이 없고
시렁 위에 심어놓은 그들의 목화는
거미줄 실타래로 풀어져
삶과 죽음의 평행선을 넘나든다

아찔한 줄을 타는 곡예사처럼
이승과 저승을 잇는 출렁다리 사이
한세상 살다 간 그들의 삶이
피안의 땅에 핀 상여 꽃처럼 붉다

외로운 몸 사리며 홀로 가는 길
더는 발 디딜 수 없는 저 절벽 끝
영혼의 혼불 사라지는 틈으로
초혼은 소리쳐 불러도 대답이 없다

상여가 구름으로 사위어 가고
시렁이 재가 되어 머무르는 곳
눈물에 불어 추락한 목화씨 하나
만장 깃발 속에서 별빛으로 움튼다

골무

손끝에 돋아난 정의의 바늘로
슬픔에 찢긴 가슴을 깁는다

저 수면 깊숙이
희망이 가라앉고
웃음이 가라앉고
행복이 가라앉고
절망과 눈물과 분노가
부표처럼 솟구쳐 떠올라
그날의 아픔을 허공에 띄우고
촘촘히 불을 밝힌다

찢겨진 가슴들이 모여
한목소리 내어 외치는 함성
심장을 흐르는 피마저
촛불로 승화되어 타오를 때
바람도 멈춰
꺼져가는 촛불을 일으킨다

덮으면 덮을수록
시퍼렇게 살아나는 진실의 칼
절망과 눈물과 분노를 베어버리고

희망과 웃음과 행복을 기워가며
찢기고 찔린 가슴과 손가락에
이젠 탄핵의 골무를 씌워야 하리

곪아버린 상처를 치유하고
또 다른 아픔으로부터 보호하며
죄를 캐물어 튕겨내야 하리

미필적 고의

순한 듯 여린 모습에
새초롬함 어려 있다
웃는 듯한 두 눈엔
우수가 배어 있다

아닌 듯이
결코 아닌 듯이
이내 피해 가지만

지나친 뒤틀림은
갈라진 상처를 남기고
그 틈새 비집고 고개 내민
야릇한 샛강으로
흙탕물이 번져간다

뒤늦게
어쩔 수 없었다고 핑계를 대는
그의 속에는
그 말고
또 무엇이 숨어 있는 것일까

이미

떨어져 버린 꽃잎
다시 제자리에
돌려놓을 수 없는
자명한 과오

뻔한
그의 속내 알면서도
작금의 시대가 보내는
모순된 러브레터

오호, 통재라

내가 나에게 하는 말

되도록
입을 다물라
말이 말을 낳느니라

귀는 둘이요
입이 하나인 것은
입으로 하는 말보다
두 배로
귀를 열어 들으라는 것

단 말보다는
쓴 말에 귀 기울이고
가시 있는 말보다는
부드러운 말을 많이 하라
입의 웃음으로
마음에 영양제를 먹이고
입의 칭찬으로
귀에 보약을 먹이라

마음의 렌즈를 닦아
투명하게 하고
가슴을 뜨겁게 하여

세상을 감싸 안으라
사랑과 평화 행복이
비둘기처럼 날아오리니

머물지 않는 그 마음을 내라

바르다는 것은
바르다는 생각이 없기에
가장 바른 것이고

존중한다는 것 역시
존중한다는 생각이 없기에
지극한 존중을 뜻한다

말로는
어떤 것도 없다고 했지만
없어서 없는 것이 아니라
모든 것이 다 있음에도
없는 것 때문에
있다거나 없다거나
아니면
있기도 하고 없기도 하고
또는 있지도 않고 없지도 않다

응무소주(應無所住)
이생기심(以生基心)
머물지 않는 그 마음을 내라
하여, 무명의 잠을 깨워라

세월 앓이

세월은 오는가 흐르는가
생은 가는가 멈추는가
하늘은 해와 달을 안고 돌고
나는 세월을 안고 돌고 돈다

꿀꺽 삼킨 지천명의 세월이
두통과 어지러움과 메슥거림으로
세월 앓이를 하더니
이내 만삭이 되어 뒤뚱거린다

하늘도 세월도
성스러운 의식을 치를 때
우주를 뒤흔드는 산고와 함께
세월을 먹고 잉태한
시(詩)둥이가 나오려 한다

타들어 가는 목젖을 달랠
뜨끈한 미역국을 끓여야겠다
가슴을 열어
젖 물림 할 준비를 해야겠다
시(詩)둥이를 보듬고
세월 앓이의 기억을 업어야겠다

블랙 스완(Black swan)

백조들 사이를 유유자적하는
검은 백조를 목격한 순간
백조는 하얗다는
그 부정할 수 없는 명제는 깨지고
그들은 놀란다

생각지도 못했던 예외적 현상
사회적 통념이 무너지는
놀랄만한 충격적인 사건을 만나면
그 뜻의 존재를 선명하게 드러내는
블랙 스완

하얗지 못한 검은 것에 대한
부정적 기억
대다수로부터 외면당하는
바람직하지 못한 비정상의
검은 존재

정상을 비정상으로 몰아
블랙리스트를 만들고
비정상이 정상이 되어
파란 기와집을 검게 물들이는

참담한 현실

출렁이는 혼돈 속
하얀 백조의 눈물이
팽목항 맹골수도를 돌아
4대강 검은 물에
흰 눈 되어 내린다

꽃비 내리는 날

바람은 불고
꽃은 떨어지고

한 치 앞 몰라
밤새워 꽃봉오리 터트린
왕벚나무 꽃들이
바람의 회초리에
온몸이 퍼렇다

길어도 길지 않고
짧아도 짧지 않은
딱 그만큼의 생
딱 그만큼의 운명

어차피 흙인 것을
어차피 먼지인 것을
어차피 바람이 되어
누군가의 숨으로 스며
아닌 듯 없는 듯 있으면서
부활하는 것을

바람은 불고

꽃은 떨어지고
떨어진 영혼은 먼지 되어
부활의 유체를 찾아 떠도는 날

바람 불어
꽃비 내리는 날

물감 놀이

시간은
흘러가는 것이 아니라
시나브로 채워가는 것
눈물은 어찌하여 이리도 짜고
땀은 어찌하여 이리도 비린가
마그마처럼 끓는 열정의 심지
다독다독 안개 넘어 떠나보내고
연못 위에 띄운 버들잎 같은
가냘픈 외가슴
드리운 달빛에 파고들어
상생의 꿈으로 젖는다
고요하나 따스한 바람
나직이 불러 살포시 안으니
물감 놀이에 취해버린 세월
계절 속을 휘청거린다

김밥

까만 드레스가 잘 어울리는 너
나의 허기진 마음에 감동을 주는
색색의 앙상블이 멋지구나
섬섬옥수가 빚은
동그라미 액자 속 황홀한 걸작
때론 정물화인 듯
때론 산수화인 듯
빨간 꽃 노란 꽃이 피었다가
포도청에 갇혀 옴짝달싹 못 하고
연초록 잎새에선
상큼한 오이 향이 돋는구나
점점이 박힌 깨알 큐빅은
어느 별에서 떨어진 보석인가
검은 우엉 바위 옆으로
초록의 난이 거침없이 솟아오르고
그 사이로 주금소심이 어여쁘다
간혹 벌거벗고 유혹하는 누드보다는
까만 드레스가 제일 잘 어울리는 너
너는 달달한 식혜의 오묘함 속에서
오늘도 물고기처럼 헤엄을 치는구나

숲, 고요

숲은 본시
고요를 사랑했다
애써 청하지 않아도
늘 곁에 머물러주는
아늑한 고요를
지극히 사랑했다

나도
고요를 사랑한다
숲에서만 느낄 수 있는
숲의 고요
숲을 보면
그 고요가 그리워
숲으로 간다

세상의 번뇌를 안고
숲을 찾아든 군상들의
말 없는 외침을
덮어주다 찢기고
털어주다 모지랑이 된
숲의 너른 가슴엔
늘 고요가 있다

이 숲 저 숲을 떠도는
메아리마저도
계곡의 물소리마저도
고요로 품은 숲은
단 한 번도
가슴을 닫은 적이 없다

달콤봉다리

행여 식을까
꼭 안은 가슴이
활어처럼 뛴다

온몸을
스멀스멀 휘감는
이 달콤한 내음

비릿한 은빛 비늘
뜨거운 철판 위에
털어내고

말랑말랑 노릿노릿
팥앙금을 품고 부활한
한 입의 유혹

달콤봉다리 안고
포돗이 왔다
집까지

내 눈에 박힌 꽃

하늘과 땅 사이
꽃들도 많더이다

빛깔도 향기도 모양도
다 제각각인 꽃들 중에

유난히
내 눈에 박힌 꽃 있더이다

한 떨기 풀꽃도
애틋한 내게
화살처럼 박힌 꽃 있더이다

가슴에 새긴 이름만
바라보는 목련처럼

그 꽃만이
내 곁에서 피고 지더이다

그 꽃만이
내 가슴에서
봄꽃보다 먼저 피더이다

요리하는 남자

장맛비 멈출 줄 모르고
온 가족 하릴없이
집 안에서 왔다 갔다

남자들 넷이 설치는 공간 속
나는 공주가 되고 싶다

큰아들 마트
작은아들 설거지
막내는 게임

마지막 한 남자
앞치마 두른다

오늘의 메뉴
오므라이스

양심(良心)

혼자에게만 들리는
마음속 조용한 속삭임

그곳엔
정의가 살아 숨 쉬고
서로의 신뢰를 바탕으로
인정의 꽃이 피어난다

불신을 거둬내는
무지갯빛 희망
부패한 냄새를 막아주는
장밋빛 향기

마음속
최후의 보루
양심(良心)

전쟁(戰爭)

전쟁이 선포되었다
연일 적군은 무서운 기세로 진군해 오고
아군은 장거리 미사일에 의지한 채
때를 기다린다

눈에 띄지 않는 요새 요새마다
세를 넓혀 놓은 적군
별 수고도 없이
더위와 비를 이용해
배불리 영양을 취하고
기름진 낯빛에 기세가 등등하다

적을 알고 나를 알면 백전백승이라 했던가
드디어 때가 되었다
이제 아군의 진격이다
장거리 미사일을 앞세워 포진하고
요새 요새의 적군을 찾아내어
화학무기 살포 작전을 펼친다

병사는 단 두 명
조종사와 그의 아내 지휘 사령관
마침내 최후를 맞이하는

저 잔망스런 잡초들
항복하라
항복하라

돌연꽃

천년인들 못 피울까

단단한 돌을 깨고 피어난 꽃
석공의 심장을 나누고 살아난 꽃

부서지고 깨지고 깎이는 아픔도
그저 환희여라
가루 먼지가 되어 날려도
나비의 날갯짓이어라

어둠 속에 잠이 든 천년
심장에 정을 박고 깨어나
망치의 울림으로 우주를 품고
이슬로 천상을 오르내리며

천년을 그 자리에 피어 있는 꽃
천년이 가도 시들지 않을 꽃
돌연꽃

인연의 세월

흐르는 것이
어디 물뿐이던가
세월도 흐르고
계절도 흐르고
시간도 흐르는 것을

25시로 이어지는
기다림의 시간

겨울과 여름을 오가는
그리움의 공간

찰나와 영원 사이 점철된
옴살 같은 인연의 세월

흐르는 것이
어디 물뿐이던가
바람도 흐르고
구름도 흐르고
이 마음도 흐르는 것을

비와 그리움

하늘에서 눈물을 달고
별이 떨어진다
그 가늠할 수 없는 눈물의 무게
대롱대롱 매달린 미련의 흔적

어느 가슴을 사모하여
별은 떨어지는가
눈물이 되어 적시는가
후드득후드득
가슴을 때리는 별
가슴을 적시는 별

광야를 향해 내달리는
벌거숭이처럼
우산도 없이
별을 밟으며 뛰어간다
첨벙 첨벙 첨벙

이제 알았다
별들은 그렇게 운다는 것을
토닥이는 다정한 손길에
북받쳐 소리 내듯

별들도 다가서는 발소리에
그렇게 소리 내 운다는 것을

그리움에 몸서리치다
떨어진 별들이
그렁그렁한 눈물이며 비라는 것을
그러다 또다시
그리움의 별이 된다는 것을

병동(病棟)에서

커튼 하나 사이로
억겁이 있다

몸을 떠난 영혼은
본향으로 가고
눈도 뜰 수 없는 육신은
밤낮을 모른 채
사경(死境)을 헤맨다

억겁을 흔드는
새벽의 몸부림

황급히 커튼이 젖혀지고
굳어가는 육신은
돌돌돌 바쁘게 돌아가는
침상의 바퀴 따라
본향 길을 간다

당신은 누구입니까

겨울 뜨락에
봄이 내립니다

달랑 하나
본향의 기억 움켜쥐고
대지의 자궁을 지나
싹 틔운 고사리손

찰나와 영원에
소망을 두고
본향 회귀를 꿈꾸며
오롯이 사위어가는
외로운 이름

얼었던 대지를 깨우고
적빈의 하늘을 채우는
달달한 훈풍에
묻노니

당신은 누구입니까

천 개의 하늘

그때가 있었다
하나인 줄 알았던 내 마음이
천 갈래로 나누어지던 때가 있었다
하나의 하늘이
천 개의 하늘로 부서지던 때가 있었다

하늘 바다에 천 갈래 육신을 깃들여놓고
상처 난 마음을 위로받고 싶던 날

내 마음에 하늘이 들어오고
온몸으로 파고든 하늘이
천 갈래 육신을 어루만져
천 개의 하늘로 부서진 모습을 보여주며
위로해주던 때가 있었다

그때가 있었다
사람이 하늘이요
하늘이 곧 사람이란 말
알 것 같았던 때가 있었다

독백(獨白)

때로는 혼자가 되곤 하지
혼자라고 고독한 건 아니지
그건 고독을 모르고 하는 소리지
세상이 나를 외면했을 때
그래서 철저히 혼자가 되었을 때
혼자라는 것이
진저리 나도록 무서울 때
그때 그 외로움이 고독이지

내 스스로
잠시 세상을 외면하고
혼자만의 시간을 갖고자 할 때
누구의 방해도 받지 않고
나만의 시간을 가질 때
오롯이 나만의 목소리에 귀 기울이고
오롯이 내 생각으로만 가득할 때
오롯이 내가 나여야만 할 때
그땐 혼자여도 고독이 아니지
자유지
행복이지

자식(子息)

기별이 왔다
네가 온다는 기별은
늘 내 맘을 설레게 한다
가만히 있을 수가 없다
무엇을 해주면 좋아할까
머릿속이 피아노를 친다

이따금 시계를 보며
네 모습을 떠올리다 웃고
맘 앞세우고 달려오는
너의 발걸음을 세다 또 웃는다
콧노래가 절로 난다

삑삑
비밀번호 누르는 소리
그리고 나타난 너
눈이 부시다
오진 내 새끼
엄마가 보고 싶어 왔다고
덥석 안아 준다

어미를 빛나게 해주는

잘 영근 내 알맹이
나는 너희로 인해 행복한
영원한 껍데기

해야

일어나라 해야
일어나서
이 혼돈의 시대를 불사르라

저 산봉우리를 박차고
힘차게 뛰어올라
겨레의 참담한 가슴을
뻥 뚫어라

뜨겁게
더 뜨겁게 솟아올라
아리랑 삼천리
화평의 강물을 데워라

아들아 내 아들아

-강원도 화천군청 시비 세움

남도의 어둠을 뚫고
찬바람을 가르며
천 리 길 여정에 시동을 건다

가는 내내 떠오르는
동그란 아들 얼굴 내비게이션 삼아
벅찬 설렘 귀에 걸고
한 겹 두 겹 어둠을 거둬내며
북쪽으로 북쪽으로 달려간다

고요도 물러가고
추위도 비켜선
여명의 춘천 땅
소양교 건너 굽이굽이 돌고 돌아
화천으로 화천으로 달린다

숨죽인 화천 땅을 깨우고
얼어붙은 화천천을 데우며
어디선가 잠 못 이루고
금방이라도
내 아들 달려 나올 것 같은
낯설지만 전혀 낯설지 않은

산양리 사방거리에 멈춘다

그 자리에 서서
내 아들을 품고 있는
사방거리 하늘과 땅을 향해
그리운 아들의 이름을
목 놓아 불러본다
가슴으로 가슴으로
사방거리가 떠나갈 듯

바람이 전해 주었는가
아들의 목소리가 들려오고
단숨에 다다른 위병소 저 앞에
저벅저벅 걸어오는 네 명의 아들들 사이
두 손 들어 흔드는 키가 큰 아들
내 아들
그리운 내 아들 아닌가

아들아 내 아들아
뜨거운 목멤으로 안아보는 내 아들
무지개처럼 사라질까
꿈처럼 깨어날까

더욱더 꼭꼭
안아보는 내 아들
아들아 내 아들아……

한줄기
포근한 바람이 불어와
어미와 아들의 눈물을 닦아주고
멀리 뒷걸음질하며 사라져간
아들 있는 그곳
오늘도
내 마음 온통
그곳에 가 있다

제2부

사랑의 서약식

봄비 한줄기
씨 뿌리듯 지나간 자리
부풀어 부푼
열아홉 꽃봉오리
툭
터졌다

동글동글 수줍은 다섯 꽃잎
오방으로 벌리고
기다란 촉수 끝
방울방울 맺힌 노란 꿀 물감
봄빛 세상
훤히 덧칠한다

수런거리는 봄 동산
매화 향에 취한
봄바람
매화 가지에 매달려
사랑의 서약식에
목이 마르다

봄 처녀

하늘 냄새
사람 냄새
온통 널어놓고
누가 내게로 와 손을 내민다

이 느낌
이 뛰는 심장 소리
겨울 삭풍을 잠재우는
이 시린 눈물방울

흔들리다 흔들리다 지쳐 맺힌
눈물의 꽃
바람의 꽃
아니 하늘의 꽃

겨울의 관절을
뚝, 뚝 꺾어놓고
누가 내게 눈짓을 한다

봄 처녀

춘설(春雪), 매화(每花)

춘설은 코끝에서 녹고
매화는 내 가슴에서
나를 녹이는 구나

영락없는 봄 처녀
그 몸짓으로
하늘거리며 두리번거리다
이내, 매화꽃신 신은 춘설아

동지섣달 칼바람
아려오는 몸살 견디며
제 몸 달궈 꽃망울 키우고
요동치는 가슴 열어 향을 뿌리며
사방 천지
봄을 초대하는 매화야

춘설, 매화 부름에
봄은 그렇게 망설임 없이 오건만
가슴 녹아 찡해진 나는
어이해 망설이다
매화꽃신 하나
달랑, 빈 가슴에 안고 오는가

정녕, 봄은 오고야 말리라

살갗을 스치는 바람이
무시로 얼음처럼 차다

봄 처녀 볼처럼 발그레한
겹매화 꽃잎마다
바람의 고백을 외면한
도도함이 흐른다

보라
홀로 고매한 눈부심에
갈 길 몰라 헤매며 주위를 맴도나니
심장을 뜨겁게 데워 온몸을 휘감나니

정녕, 봄은 오고야 말리라

저만치 뒤돌아선 얼어붙은 바람이
물가의 수양버들에 태질을 하며
애먼 화풀이를 한다

이월의 몽은 주사

이겨내라 힘내라
새싹 틔우고 꽃 피워라
언 땅 문지르고 놓은
입춘과 우수라는 이름의
그 짜릿하고 눈물겨운
이월의 몽은 주사

그 몽우리
이월의 언 강 풀리듯
지금
삼월의 봄비와 함께 풀리고 있네

찬란히 피워야 할
꽃들의 의미를 가르쳐주고
최후의 순간
꼬리마저 제물로 바친 채
홀연히 떠나버린
이월의 자결

그 삼우제를 추모함인가
하염없이 비는 내리고
매화는 비에 젖어

온몸으로 울고 있네

이제 곧
옷고름 풀어헤친
대지의 가슴에선
꽃향기 진동하겠네

모든 것을 내어주고 떠난
어머니 같은 달
그 이월의 축복이
사계절 내내 가득하겠네

경칩

긴 동면에서 깨어나
숨 고르기 하려니
허기진 배가 운다

넘길 것 없는 목에
마른침이 걸리고
나오는 건
타들어 가는 혀와 눈이라

더는 견딜 수 없는 목마름으로
세상에 나오니
그 몰골 처량하구나

윤기 없는 가죽에 삐쩍 마른 몸
툭 튀어나온 눈에 늘어진 혀

하늘이 불쌍히 여겨
따뜻한 빛을 내리니
아, 오늘이 경칩이로구나

사월의 자명고

꽃물결 출렁이는 바다
꽃파도에 흔들거리며
꽃멀미하는 여인의 옷자락에
꽃바람이 수줍다

화사하게 터진 철쭉이
여인의 가슴에 불을 지르고
화르르 번져가는 꽃불 동산을
뜨겁게 달군다

화려함을 동경한
물철쭉의 가여운 눈물 끝에
희멀건 웃음이 대롱대롱 매달려
봄날을 이야기한다

유채꽃 넘실대며 서로 부딪는
황홀한 입맞춤
그 향연에 빠져든 여인이
자명고를 찢듯 사월을 찢는다

목련꽃 아래서

말리려 하지 마세요
내 맘이 움직이지 않은 걸요
그만 떠나라 하지도 마세요
향기에 취해 걸을 수가 없답니다
자태에 눈멀어 볼 수가 없답니다
첫눈에 반해 빼앗긴 맘
보고 싶은 마음 하나 가지고 와서
향기 가득 온몸에 묻히고도
선뜻 떠나지 못 한답니다
남은 미련 한 방울 꽃잎 적시고
뒷걸음질 물러서며 작별하고도
쉬이 떠날 수 없어 애만 태운답니다
목련꽃 내 사랑이여
꽃 진 그 자리
둥근 멍울 잡히거든
내 눈물 떨어져 부풀어 오른
내 그리움이라 여기소서
내 사랑이라 여기소서

참나리 꽃

육방으로 뻗은 촉수는
세상의 여름을 더듬는다

잠자리 날개를 빌려
허상에 가려진 진실을 찾고
바람의 허리를 껴안은 채
휘청이는 세상의 지지대처럼 서있다

태양을 닮은
강렬한 주황색 꽃 빛 위에
여름의 땀방울로 무늬를 새겨
호랑나비를 부른다

겨드랑이마다 자라는
진주처럼 봉긋한 여름의 유두
스스로 몸을 털어 멀리 떠나보내는
아픔과 치유의 낙하

뒹굴다 작은 돌부리에 걸려
비로소 바라보는 하늘
아! 어머니 얼굴

고만이 꽃

고만고만
한 것이
봇도랑을 가득
그리움으로 채웠다

꽉 찬
밀원의 봉우리
분홍으로 물들이고

가을빛 갈바람에
간지러움 못 참아

고만고만
톡 터져
그리움 쏟으며
별처럼 웃는 꽃

고만이 꽃

그대 오시려는가

보고픈 그대
고개 숙인 가을의 등에 기대어
날 보러 오시려는가
뜻도 없는 그리움
들국화 향기 따라 스며오고
등 굽은 가을
임의 등처럼 따사로운 때
갈대숲 일렁이는 찬바람 타고
그리운 그대
날 보러 오시려는가

서툰 계절

아직 서툴다
잠시 뺨을 스치는가 싶더니
이내 계단 난간에 기대어
턱에 바친 숨을 내쉰다

성하의 호된 채찍에 지쳐버린
메마른 만신창이
선뜻 찬 기운 뿜어내지 못하고
보도블록 위를 서성이며
작은 풀잎으로 흔들리는 모습이 애처롭다

저어기, 이순신 대교가 내려다보이는
좁다란 비탈길 양 옆으로
보랏빛 싸리꽃이
가을을 입에 물고 서서
끈적이는 계절과
고별 만찬을 준비하고 있다

비라도 한 줌 내리면
입에 문 가을이
미끄러지듯 넘어가련만

가을밤

공허한 달빛
스산한 바람
가지 끝에 매달린 잎새들
서로를 안고 애무하는 밤

달빛에 들켜
얼굴 붉히며 부끄러워도
숨길 수 없는 가을 사랑

이내 붉게 물들어
타들어 가는 가을밤
그렇게 익어가는 가을밤

갈대붓 춤사위

편백 숲에 깃든 햇살이
긴 외투를 걸친 듯
조금은 느리게
조금은 쓸쓸하게
가을의 빗장 속으로 들어간다

오방색 물감 스며든
갈대붓 춤사위가
하나둘 찍어 만든
가을의 상형문자 틈으로
피고 지는 꽃들이 손을 흔든다

지난여름
공중으로 솟아오른
질펵한 언어들이 내려와
긴 행렬로 서서
낙엽 지는 소리를 들으며
소풍을 간다

가을꽃 핀 그곳으로

바람의 과거

어느 바람결에 입은 상처인가
구절초 연보랏빛 얼굴에
슬픔이 어렸다
어느 시월의 멋진 날을 기약하고
바람은, 바람은 떠나갔는가
잊혀져 가는 옛이야기처럼
잠시
구절초 곁을 맴돌다 떠나버린
바람의 과거
지금은, 지금은
어느 쑥부쟁이 곁에서
단꿈을 꾸시는가

꽃 진 자리

꽃 진 자리
별리의 아픔이 한 움큼 앉았다
울긋불긋 바람물 들어 떨어지고
바스락거리며 떠돌다
먼지가 되어 되돌아가는 계절

꽃대궁 따라 흘러내려
임의 가슴에 스민 눈물
기어이 그 마음
감동을 주고야 말았다

상사화, 그 눈물에 녹아내린
꽃 진 자리
슬픔을 이고 움튼 검푸른 잎
홀로 외로이 임의 넋 달래고 있다

많은 날 찬바람에 서서
하얀 소복 입은 서리꽃
서럽게 피워 가겠다

겨울비

봄비는 아니리라
입춘이 좀 남았으니

며칠 전 내린 눈을 다 녹이며
촘촘히 내리는
저 잔망스런 비

아직 깜냥이 아니건만
산천초목과 나누는 눈짓이
예사롭지 않다

비에 젖은 몸으로
가려움에 몸을 비트는
저 꽃망울
입춘 그날에 터지겠지

포돗이 불을 끈 내 맘에
또다시 불을 지르고
시침 뚝
게걸음으로 달아나는
이 잔망스런 겨울비

그리움

오늘도 난
오월의 차진 햇살 아래
꽃물결 넘실대는
정원을 거닐 테요

행여 우연이라도
그대를 만날까
꽃들 사이 두리번거리며
해찰하지 않을 테요

그대를 그리워하는 순간에도
꽃들은 피었다 지고
그대를 기다리는 찰나에도
시곗바늘은 멈추지 않아요

흐르는 세월이
장미 가시보다 아프게
가슴을 찌를지라도
난 그대를 그리워할 테요

저 꽃길을 걸어서
손 흔들며 다가오실

어제 같은 그대를
사는 날까지 사랑할 테요

행여 바람이라도 되어
나를 찾을까
향기로운 바람 머무는
저 푸른 언덕을 오를 테요

겨울 바다에 서면

겨울 바다에 서면
자장가 소리가 들린다

작은 섬을 쓰다듬고
갈매기 떼 토닥이는 자장가 소리
귓전에 맴돌면

파도가 먼저 잠이 들고
겨울나기 하던
노련한 갈매기 부부의 사랑 연주도
잠시 나래를 접는다

쪽빛 물감 풀어놓은 겨울 바다에
작은 섬이
치맛자락을 물들이며
졸음에 겨운 하품을 하면

고즈넉한 겨울 바다에는
바람 소리 잠재운
자장가 소리만 들린다

빈집

절반쯤 주저앉은 서까래 밑으로
신우대가 올라와 얼굴을 내밀고
살대만 앙상한 창호지 문구멍으로
바람이 제 집인 양 들어가 안방에 눕는다

시렁 위에 버려진 누런 석작들이
뿌연 먼지 둘러쓴 채 골골거리고
미처 챙겨가지 못한 옛 주인의 추억은
후미진 구석 거미줄과 함께 늙어 간다

가녀린 볕이 뒤뜰 장독대를 쓰다듬고
기운 없는 헛기침을 허공에 쏟아내면
앞마당 가득 침범한 얄미운 신우대가
뒤뜰을 욕심내어 토방 마루와 흥정을 한다

감꽃 목걸이

감나무 아래 작약이 눈부시다
다무락을 휘감은 담쟁이 넝쿨이
작약의 모습에 반한 듯
따가운 햇볕 아래 화색이다

바람으로 지어 입은
꽃빛깔 드레스가
푸름 짙은 감나무 잎을 스치면
툭, 불거진 감꽃이
또르르 떨어져
발등 위에 추억을 새긴다

작약 꽃빛깔 드레스를 입은
여인의 목에
진주보다 빛나는 감꽃 목걸이가
쌓인 추억만큼
그리움의 깊이만큼
길게 늘어져 있는

한낮의
내 고향 뜨락

고향의 가을

바지랑대 끝에
파란 하늘이 앉았다
빨랫줄을 맴돌며
잠자리가 곡예를 펼친다
풀 먹인 홑청이
빳빳하게 여물어가고
바람이 허공에서
술래가 된다
팽팽해진 홑청을
하늘이 덮고
파란 물감으로 덧칠을 하면
빨랫줄이 잣대 되어
그리움을 마름질한다

그리움의 詩

- 어머니를 그리워하며

당신은 내게
그리움만 남겨두고 떠났습니다
나는 그 그리움을 달래려
바람처럼 흔들려도 보고
구름처럼 떠다녀도 보았지만
당신을 향한 내 그리움은
아직도 그칠 줄을 모릅니다

보고 싶은 당신은
어느 땐
희미한 낮달로 나타나
내 마음을 온통 까맣게 태워놓고
또 어느 땐
호수 위에 둥근 달로 나타나
하염없이 바라보며 눈물짓게 합니다

호수 위에 내려앉은 당신은
바람만 한 점 불어도
구름만 한 자락 지나가도
너울너울 흔들거리며
떠날 채비를 합니다

보낼 수 없어
보내지 않으려
황급히 일어나 말리려 하지만
호수 저만치 있는 당신은
여전히 멀기만 하고
그리움은 이내 축축한 별이 되어
내 발등으로 우수수 떨어집니다

나는 한가득 떨어진 별을
호수 위에 띄워
당신이 딛고 내게로 와야 할
내가 딛고 당신에게 가야 할
그리움의 징검다리를
밤을 새워 놓아 갑니다

호수에 새벽안개가 피어오르고
밤새 놓았던 징검다리를 삼키는 시간
당신은 무너져 내리는 나를 두고
또다시
그리움만 남긴 채 떠나갑니다

짓물러

짓물러 뜰 수조차 없는
상처 난 눈가에
아직 고여 있는
마지막 눈물 한 방울이
새벽의 호수 위에
슬픈 그리움의 詩를 씁니다

삼월 삼짇날

그립구나 했더니
가슴이 아렸다
또 한 번 그립구나 했더니
목련꽃이 피었다
그리고 또 그립구나 그립구나 했더니
어머니가 보였다
목련꽃 아래 하얗게 앉아 계시는 어머니
그 모습이 보였다
내 안에 주르륵 흐르는 눈물만큼
어머니 젖내 나는 목련은 펑펑 피어나고
삼월 삼짇날
화전놀이 가신다는 어머니는
목련꽃 그늘을 지나
북쪽으로 북쪽으로 걸어가셨다

그립구나 했더니
목련이 푸드덕 하얀 나비가 되어
사월의 어머니를 따라갔다

사월의 노래

창밖에 사월의 봄비가 내린다
꽃멀미를 하던 바람이 휘청이며
왕벚꽃 우듬지를 잡고 매달린다
꽃눈개비 되어 날리는
사월의 꽃잎들 위로
꽃비가 내려앉는다
봉긋이 고개 내민
연둣빛 잎사귀들의 넋두리가
푸른 물감이 되어
창문을 화폭 삼아 그림을 그린다

어느 순간, 하얀 바람 들어와
보랏빛 브룬펠지어 재스민을
하얗게 물들이고 사라졌다
봄은 그렇게 가고 있다
사월은
그렇게 왔다가 그렇게 가고 있다

사계절을 등에 지고 떠나는 여행길에
울 엄마 데려간 서글픈 사월
아, 눈부시게 잔인한 사월이여

사모곡(思母曲)

꽃이불 덮고 잠들어 계시는
어머니 산소 앞

옷고름 풀어헤치고
어머니 가슴으로 키운 봄이
쑥으로 부추로 머위로 너울거린다

나에게 뼈를 주고 살을 주고
세상 공기 콧속에 불어넣어 키워 주시더니
우주처럼 너른 그 가슴으로
봄도 키우신 우리 어머니

잠드신 중에도 키워
아낌없이 차려놓고 기다린 그 봄을
나는 찡한 가슴칼로 캐고 있다

한 방울
두 방울
떨어지는 눈물
어머니 덮은 꽃이불을 적신다

꽃길을 걸으며

아름다운 사람들과 꽃길을 걷다가
꽃향기에 실려 온 당신의 향기에
또 가슴이 아팠습니다

숨이 막혀
침묵할 수밖에 없는 시간
말 대신 눈물이 나왔습니다

행여, 눈물 들킬까
시선 던진 먼 곳에
당신의 향기 나는 꽃무늬 손수건이
하늘의 눈물을 닦아주고
내 눈물도 닦아주었습니다

나는 한 마리 나비가 되어
이내 당신 곁을 서성입니다
당신은 꽃입니다
꽃이 된 당신
어머니
내 어머니

다향(爹香)

(아버지의 향기)

우리 아버지
앵두꽃 흐드러지게 피던
삼 년 전 봄
육십여 년 해로한 지어미 잃고
큰자식 집으로 발걸음 옮기던 날
아침 이슬 맺힌 풀잎처럼
파르르 떨리던 눈꺼풀 나는 보았네

꿈속에서라도 보고 싶은 고향 집을
거동이 불편하여 못 오시는
아흔넷 우리 아버지
젊으실 적 지고 다니시던 지게만
헛간의 후미진 구석에 백골처럼 서서
거미줄 칭칭 감긴 채
멀어져 가던 그날의 발걸음 소리
다시 들리길 기다리며
주인 없는 터를 지키고 있네

당신 키보다 더 크고
당신 무게보다 더 무거운
삶의 지게를 지고
난쟁이가 되어버린 우리 아버지

물푸레나무 작대기를 짚으며
한 발 두 발 옮기는 걸음마다
노동의 성스러운 땀방울로
홍건히 고인 웅덩이들
지금은 마르고 갈라져
검버섯 꽃만 피었네

철 따라 꽃이며 열매들 꽂혀 있던
향기로운 지게 바작에
졸라대는 어린 딸을 태우고
덩실덩실 춤을 추던 우리 아버지
그 지게 젊어지고
어머니와 함께 일군
저 붉은 고추밭이며
황금물결 출렁이던 기름진 무논들이
이젠 묵정이 전답이 되어
잡초만 무성히 자라고 있네

아버지
어찌할까요
어찌할까요
고향엔 온통

아버지 향기 나는 꽃들만 피고
아버지 향기 나는 바람만 불고
아버지 향기로만 가득한데

아버지
아버지

제3부

묵매(墨梅)

묵향에
빠져들고
매향에 취하노라

고요한
화선지에
붓 눈물 젖어들면

정갈한
마음결 따라
피어나는 검은 별

진홍매(眞紅梅)

진홍매 가지마다
그리움 낭자하다

누구를 사랑하여
이리도 뜨거운가

애달픈
핏빛 고백에
춘삼월이 녹는구나.

그리움 크다 한들
이다지 붉을쏘냐

꽃 좋아 향기 좋아
맘 뺏긴 여인이여

어이해
가지 끝 잡고
떠날 줄을 모르는가.

납월매(臘月梅)

납월매 피고 지는
금둔사 섣달 뜨락

별 총총 내리는 밤
달처럼 부푼 망울

붓 들어
시를 짓자니
낯 붉혀 피는 매화.

추위에 떨지라도
그 향기 팔지 않는

여리고 고귀한 꽃
눈 속에 핀 매화여

탐하여
가까이함은
그 기품 받들고저.

구절초

꽃 절반 향기 절반
벌 나비 잔치 속에

구절초 사연 풀어
구구절절 쌓인 가을

바람도
비탈길 지나
머물다 간 꽃무덤.

연보라 새하얀 꽃
화관으로 엮어 쓰고

구절초 허리 잡아
추억을 적다 보니

어느새
꽃향기 지고
찾아오는 무서리.

금낭화(錦囊花)

사랑아 오려무나
길손처럼 오려무나.

새색시 두근대는
수줍은 연분홍에

알알이
사랑을 채워
소리 없이 오려무나.

당신만 따를 테요
꽃말에 새긴 다짐

씨실에 복을 달고
날실에 정을 달고

줄줄이
그리움 엮어
합장하고 오려무나.

입춘지절(立春之節)에

앙상한 가지마다
봄물이 오른 지절

동백은 홀로 피어
겨울을 녹여 놓고

동박새
속살거림에
꽃웃음이 헤프다.

내게도 봄물 올라
마음은 청춘지절

설중매 고운 자태
해마다 새롭건만

다시는
오갈 수 없는
세월이 속절없다.

산죽이여 삭풍이여

우거진 산죽 숲에
둥지 튼 삭풍이여

제 목숨 닳아가며
다른 목숨 키웠는가

나목들
우듬지마다
생명 꽃 머금었네.

삭풍을 품어 안은
홀로 푸른 산죽이여

달빛을 벗을 삼아
외로움 마셨는가

고요히
푸르른 낮달
댓잎 물고 떠 있네.

봄꽃신

백목련 하얀 얼굴
복사꽃 댕기 머리

빈 들을 깨워가는
아지랑이 하늘하늘

결 고운
봄 처녀 마음
사랑으로 가득 타.

개나리 겹저고리
진달래 스란치마

납시는 곳곳마다
봄 향기 몽실몽실

매화꽃
외씨버선에
봄꽃신이 소담 타.

멍이 든 꽃

철없이 피어버린
가여운 저 개나리

앙가슴 파고드는
야속한 찬바람에

노오란
저고리 입고
버선발로 떨고 있다.

다시 오마 기약한
봄소식 아직인데

계절이 수상하여
가슴에 멍이 든 꽃

서러운
긴 그리움에
옷고름만 젖어 간다.

모닥불

고향 집 앞마당에
모닥불을 피웠네

손주들 환호 속에
활활 타는 저 불꽃

아버지
고향 그리워
애타는 가슴이네.

모닥불 주위 돌며
소원을 빌었네

대나무 터를 밝혀
횃불로 타오름은

손주들
재롱 보고픈
어머니 혼불이네.

벌초

힘든 삶 내려놓고
깊은 잠 드시더니

거울도 안 보신지
산발한 머리 보소

큰사위
따뜻한 마음
묘지를 쓰다듬네.

구름도 놀다 가고
바람도 쉬어 가게

주위의 잡초 베어
환하게 길을 냈네

어머니
이제 일어나
거울 한번 보소서.

그리움

부뚜막 그을음은
검게 탄 가슴인가

부지땅 두드리며
세월을 달랬어라

솔가지
매운 연기에
서러움만 주르륵.

물레를 돌려가며
고된 삶 풀었는가

호롱불 밝혀 두고
무명옷 짓던 여인

은비녀
정갈히 꽂고
목화꽃을 피웠네.

세월의 그림

- 모란

화선지를 펼치고
벼루에 먹을 갈면
묵향은 숨결 따라
코끝에 스며들고
붓끝은 먹물을 적셔
모란을 그려낸다.

붓 가락 장단 맞춰
모란을 심었는가
담 밑에 뿌리내려
꽃 피운 모란이여
어이해 이다지 고와
숨 막히게 하는가.

우아한 그 자태
세월의 그림일세
반백 년이 무색한
진홍빛 아리따움
여인아 떨리는 심사
붓을 들어 시를 쓰오.

옥골빙혼(玉骨氷魂)

매화여 두향이여
옥골빙혼 너를 본다
만화방창 호시절에
그 향기 일품일세
이퇴계 매화 사랑을
알고도 남음이여.

그윽한 그 향기에
바람도 취해 돈다
봄바람 불 때마다
들리는 임의 소리
마지막 그 순간까지
매화에 물 주어라.

매화의 깊은 향은
두향이 마음인가
그 사랑 아름다워
매화 곁 서성이니
어느새 내 마음까지
흠뻑 배인 향기여.

만추가경(晩秋佳景)

만추의 가을꽃이
그리 곱다 하더이다
달려가 바라보니
볼수록 빠져드오
빨갛게 타오른 연정
숨길 곳이 없어라.

바람아 부지 마라
가을꽃 떨어질라
빛깔마다 다른 사연
떨어지다 놓치면
그 사연 허공을 날다
흩어지고 말리라.

지천명 높은 산이
만추 산 닮았구나
가슴에 울긋불긋
사연도 많아라
발밑에 구름을 밟고
떠나가는 인생아.

순천만 갈대

찬바람 휘휘 불어
순천만을 감아 돈다
아무리 흔들어도
돌아눕지 않는 갈대
용산에 기대선 바람
불다 지쳐 한숨이다.

너른 벌 황금 실로
오밀조밀 수를 놓고
이리저리 나부끼다
바로 서는 곧은 마음
그 누가 갈대를 두고
지조 없다 하였을꼬.

내가 온 흔적일랑
갯벌 위에 남기리다
반가움에 흘러내린
붉은빛 눈물방울
낙조에 발 시리거든
그대련가 하소서.

유달산에서

봄 되니 꽃도 피고
사랑도 핍니다
항구에 배가 오니
사랑도 옵니다
침묵의 유달산이여
이제는 웃으소서.

눈물로 깊어진
목포 앞 민주 바다
뱃고동 울 때마다
애달파 한 된 바다
그 바다 숨죽인 바다
평화의 넋 잠든 바다.

유달산 바위 밑에
인동초를 심으리라
인동초 타고 올라
금은화 꽃 피우면
우리 임 그 향기 맡고
더욱 편히 쉬시리라.

산다화(山茶花)

산다화 붉은빛이
눈 속에 황홀 터라
올해도 눈이 오면
임과 함께 보렸더니
흰 눈은 아니 내리고
꽃잎만 내리누나.

아서라 꽃잎아
인제 그만 떨어져라
청정히 고운 자태
오래도록 지켰다가
하얀 눈 내리는 날에
우리 임과 보자꾸나.

꽃잎도 묶어놓고
비바람도 묶어놓고
이제나 오려나
저제나 오시려나
기다린 가여운 심사
임 가슴에 묶고 파라.

사부곡(思婦曲)

-아버지가 어머니를 그리며

아버지 사시는 산골 마을 앞마당에
새하얀 외로움이 발목까지 쌓였다
문 열어 쫓으려 하니 아랫목에 앉았다.

동지섣달 긴긴밤 내려앉은 외로움이
쓸어도 밀어내도 쌓이고 또 쌓이니
꽃 피는 봄날까지는 아직도 멀어라.

한 많은 상사화도 푸른빛을 간직하고
꽁꽁 언 땅속에서 새봄을 기다리니
아버지 외로운 심사 산소 옆에 묻어요.

외로움 묻은 자리 새싹이 돋아나면
꽃 피고 새가 울어 벌 나비 찾으리니
그날에 꽃 잔치 벌여 사부곡을 불러요.

소쇄원(瀟灑園)

소쇄원 옛 정원에 푸르름 가득하다
선비는 어디 가고 묵객들만 노니는가
창암촌 계곡물 따라 글 소리 들리는 듯.

맑고도 깨끗하다 소쇄원 원림이여
기묘사화 피비린내 세월에 잠재우고
어이해 이다지 맑아 선경으로 빛나는가.

광풍각 바람 소리 스승의 부름인가
맨발로 나가보니 흰 구름만 떠 있구나
비 갠 후 청량한 바람 언제나 불어올까.

제월당 지붕 위에 달빛이 괴괴하다
질곡 같은 세상사 비추고 비추어도
비 갠 후 상쾌한 달은 오늘도 아니 뜨네.

세상도 출셋길도 모두 다 버리우고
고향에 은둔하여 한세상 살고 지고
선비의 고독한 맘을 뉘라서 알아줄까.

인동초(忍冬草)

-故 김대중 대통령님을 추모하며

찬바람 찬 서리에 몸 비록 얼어가도
돌아올 그 봄날에 꽃 피울 민주주의
꽁꽁 언 동토의 땅에 뿌리내린 인동초.

그대의 그림자에 새겨진 현대 역사
냉전의 벽을 헐고 남과 북 서로 만나
노벨상 평화의 상징 빛나는 금은화.

새하얀 꽃잎 지나 샛노란 꽃잎 되는
금은화 덩굴마다 번져가는 민족 사랑
숭고한 그대의 업적 모르는 이 누구랴.

월드컵 그 영광이 아직도 생생한데
그대는 그 먼 길을 어이 홀로 가시나요
거목이 쓰러진 자리 다시 돋는 인동초.

인동초여 영원하라 금은화여 영원하라
일평생 한결같은 행동하는 양심으로
세계를 비추는 후광 이 시대의 지도자.

무궁화

1,

배달아 아사달아 평화의 새아침아
설악의 눈보라는 옥선의 눈뫼로다
산처녀 원술랑 따라 새아씨가 되었네.

선덕의 파랑새야 난파의 옥토기야
자선의 계월향은 원화의 환서로다
사임당 고주몽나라 한사랑이 되었네.

2,

그 누가 무궁화를
눈에 피 꽃 하였느냐

한반도 피를 빨던
진딧물 왜적들아

이제는 무릎을 꿇어
역사에 사죄하라

제4부

외도 보타니아

아름다운 섬
그림 같은 섬
환상의 섬

시인의 마음을
시인의 눈빛을
송두리째 빼앗아
파도로 부서지는 섬

고독에 겨운 밤을
파도 소리에 묻고
한 송이 두 송이
꽃으로 환생하는 섬

그리움의 나신 되어
밤마다
별을 부르는 섬
별이 머무는 섬

아, 지상의 천국을 꿈꾼
식물의 낙원
외도 보타니아

추녀 끝 풍경

-화엄사 가는 길

그녀의 귀걸이가 찰랑거린다
달리는 차창 밖으로
어느 집 다무락을 벗 삼아 마실 나온
하얀 목련이 지나가고
처녀들 댕기 머리처럼 낭창낭창 늘어진
노란 개나리가 스쳐 가고
야트막한 산비탈 여기저기
수줍게 고개 내민 꽃분홍 진달래의 모습들이
금방이라도 물감처럼 번져
그녀를 물들일 것만 같다
그녀의 가슴에 수채화를 그리는 봄의 화신들
난타의 물빛에 어리는 무지개처럼
어느 순간 드리워졌다 사라지는 봄의 물결들
세월의 강물 흐르는 섬진강변
쭉 늘어선 벚꽃이 만개를 기다리며
그녀에게 서둘러 또 오라고
성미 급한 몸짓으로 유혹을 한다
어디선가 쨍그랑쨍그랑 풍경 소리가 들린다
어느새 화엄사 추녀 끝
풍경이 되어 흔들리는 그녀의 귀걸이
그녀의 입가에
각황전 기와의 천년 미소가 번진다

북녘 바람

- 정지용 생가에서

불두화에 비스듬히 기댄
사립문 틈으로

열두 살 동갑내기
눈 맑은 어린 신랑 신부의
혼례식이 펼쳐졌다

헐렁한 사모관대 원삼 자락
삶의 무게로 늘어지고
노동의 안타까움
너른 벌판에 핀 풀꽃인 양
연지 곤지로 찍혀 시들 때
족두리에 매달린 구슬이
눈물처럼 서럽다

속절없이 흘러가는 실개천을
방망이 소리
다듬이 소리 내어 깨웠을
어린 새댁이여
꽃처럼 어여쁜 새색시여

시린 손 시린 가슴

질화로에 녹이며
이제인가 저제인가
정든 임 오실 날만 손꼽아 기다린
무심한 세월이 아파라

끝내
임은 오지 않고
어설픈 북녘 바람만
고향 그리는 '향수'를 싣고
다무락 모퉁이를 돌아
사립문을 밀고 들어온다

동피랑에서

동쪽의 비랑
다닥다닥 붙은 골목길로
꿈을 꾸는 자들이
몽유병 환자처럼
벽화 그림에 빨려 들어간다

꿈을 꾼 채
천상의 나비가 되어
빨간 장미를 품은 새가 되어
하늘 그네를 타는 소녀가 되어
벽화 속 그림 그대로
흡수되어 버릴 것 같은
몽환의 언덕 마을

몽바르다 언덕지나 꼭대기
동포루 작은 정자 앞에
신명 난 두 청년의 노래가
하늘에 수를 놓고
성곽에 걸터앉아 바라본
저 푸른 바다에 빠져도
벽화 속 천사 날아와
손잡아 줄 것 같은

치명적인 언덕 마을

그 동피랑에서
동시대를 살다 간 예술인
김춘수 유치환 윤이상을 만나고
통영의 품에 자란 박경리를 만나
물들어 가는 가을날
그녀의 토지에서 자라는
굼실굼실 탐스런 배추에게서
길상과 서희의
꿈 이야기를 들었다

아카시아

- 함양 선비의 고장에서

밤새 숭얼숭얼 눈앞에 아른거리며
달짝지근 분 냄새 풍기던 너였기에

함양 선비의 고장 어디쯤
고봉으로 얹은 쌀밥 같은
저 이팝 꽃들 사이, 또는
고봉 만찬 끝나는 길모퉁이 그쯤에서
널 만나고 싶었다

일두 정여창 고택 뒤
개평 한옥 마을 뒤 병풍이 되어
억지 숨 멈추고 서 있는 하얀 꽃바람
노송의 꼬챙이 같은 손톱에 찔려
한꺼번에 쏟아내는
순두부처럼 푸짐한 향기를 쫓아

연지 공원 노란 물창포 스쳐버린 무심함을
솔송주 한 잔에 달래려다, 되레
솔방울처럼 조여든 가슴
하얀 꽃 피운다는 석류나무 아래
열꽃으로 피어 너를 찾는다

흐르는 물에 천년을 씻어내는
화림 계곡 바위의 매끈한 속살을
발목 시리게 느끼며
거문, 가얏고를 튕겨 기울이던 탁주 사발
저만큼 흰 물살로 떠내려 놓고
맨발로 사뿐거렸을 춤사위를 떠올리니

붉다가 하얘진 얼굴
남계 서원 연못에 비춰보다
드디어 찾았다
숭얼숭얼 부풀어 오르는 아카시아
저 오월의 이데올로기

달동네 연가

아무도 살지 않는 동네에
푸석푸석한 먼지가
한때의 고락을 안고 골목길을 누빈다

살아있는 자들의 무덤과도 같은
언덕 위 옹색한 군상들이
가끔은 드라마 속 파노라마로 이어져
금세 왁자지껄한 공간을 연출한다

동네에서 제일 높은 예배당의 종소리가
잠자는 동네를 깨우면
바람이 먼저 일어나
골목골목 어둠을 쓸어내고
밤새 평온하게 비추던 달은 우물로 사라진다

철거의 굉음이 심장을 뜯어낼 때
우물에서 빠져나와
그리움 두고 떠나간 달은
아득한 추억 속 그 동네를 그리며
빌딩 숲 난간에 걸려 각혈을 쏟고 있다

삐거덕거리는 낡은 십자가에

액자처럼 머물렀던
환한 달이 사무친
우물 속 그리움 다 퍼내지 못한 동네엔
아직도 달이 뜨지 않는다

달 없는 동네
달동네

걸음마다 풍경이 되어

- 순천만 국가정원에서

풍경들이 스쳐 가는
정원의 간이침대에는
지천명을 넘긴 여인이
바람을 안고 누워
하늘 냄새를 맡고 있다

나무와 풀과 꽃들의 속삭임을
자장가 삼아
밀려오는 평안함에 눈을 감으면
어느새
눈앞에 펼쳐지는
풍경 풍경 풍경들

새처럼 지저귀며 창공을 가르고
꽃처럼 피어나 향기로 고백하는
우주의 교감

천 번을 그리고
만 번을 품어도
눈뜨면 흩어져버리는
지독한 혼자만의 사랑에
어리고 여린 새의 가슴으로

또 하나의 풍경을 찾아
날갯짓을 한다

걸음마다 풍경이 되고
걸음마다 천상의 가락이 되어
휘모리장단 속으로 빠져드는
몽매한 그 사랑

그 사랑이 오늘도
시오리 길 풍경처럼
눈앞을 스치며 흐르고 있다

무진 벌 판도라

-김승옥 선생님을 생각하며

안개가 걷힌 무진은
옹골지게 따사롭다
야트막한 돌담을 안은 붉은 장미가
그대로 시가 되어 피어 있는
문학관 뜨락이
거침없이 질주하던 작가의 젊은 시절인 양
환희로 가득하다

문득, 판도라의 상자 같은
저 장독대 뚜껑을 열어보고 싶다
한 자 한 자 차곡차곡 챙겨 넣은
말과 글들이
뚜껑을 여는 순간
맑고 투명한 영혼으로 스며들어
말문이 트이고 글 문이 터져
무진을 원 없이 노래할 것만 같다
아니, 그러면 얼마나 좋을까

여귀가 뿜어내는 입김 같은
파리한 안개가 걷히고
휘장처럼 늘어진 선물 같은 물안개가
궁싯궁싯대는 갈대밭을 헤치고

아군이 되어 진군해 왔으면 하고
백지 같은 하얀 해당화 꽃잎에
손가락으로 글씨를 써 기도를 한다

언제부턴가
그리움의 나신처럼 서 있는
저 말간 무진 벌에
새파란 갈대와 묵은 갈대의 어우러짐이
스승과 제자처럼
할아버지와 손자처럼 정겨워
코끝 찡하게 아슴찮기만 하다

팔월의 순천만

팔월의 찌는 더위에도
마음은 가을일 때가 있다
까닭도 없이
수런거리는 갈대의 속삭임이
가슴 깊이 그리울 때가 있다

그럴 땐
순천만을 가자
순천만 정원에서
무인 궤도열차를 타고
순천만에 가자
팔월의 순천만이
세월의 무게를 갯벌에 묻고
하늘이 내리는 심오한 빛에
갈대로 부서져 나부끼는
저 순천만으로 가자

바람과 햇살이 산파가 되어 분주한
팔월의 순천만에는
만삭의 몸을 풀며
해산의 고통으로 술렁이는 갈대밭에
갓 태어난 젖은 이삭이

바람에 안겨 첫 소리를 내고
햇살에 몸을 말려 첫 눈을 뜬다

그 거룩한 축복의 자리
팔월의 순천만으로
애써 가슴을 가을로 물들이고
곱게 행장을 차려
갈대의 수런거리는 속삭임을 찾아
난
술래가 되어 길을 나선다

순천의 젖줄 동천이여

안개 속에 가려진 시간의 비밀 찾아
유구한 세월 면면히 흐르며
선암사 목어가 조계산을 깨우듯
대한민국 람사르 순천만을 깨우는
순천의 젖줄 동천이여

벚꽃이 하얀 미소 짓는 눈부신 날
축제의 폭죽처럼 펑펑 터트리며
구름꽃 찾아 날아오른 꽃잎들
무지개 안고 내려오는 축복의 땅
순천의 자애로운 어머니 동천이여

유채꽃 반겨주는 동천에
하늘 높이 그리움의 풍선을 띄워
어여쁜 그대 맞이하리다
그렁한 눈망울에 노란 희망 담아
어둠이 내린 동천에서
환한 등불로 피어나리다

징검다리 거닐며 꿈꾸는 동천
아름다운 생태 정원의 도시 순천에
천지 가득

황홀한 꽃더미 쌓아놓으리니
그대여 오소서 보소서
노래하며 춤을 추소서

그대 가슴에 보슬비로 내려
순천만 연안 습지처럼
촉촉이 젖게 하오리다
동천을 먹물 삼아
그대 고운 옷자락에
오래도록 지워지지 않을
한 줄의 시가 되어 남을 것이리다

나무와 꽃과 바람의 향기

-왕의산을 오르며

산이 있다
높지도 깊지도 않은 아담한 산
사람들은 그 산을 뒷산이라 부른다

아파트가 밀집되어 있는 신도심
동무하던 논밭들은 아파트 아래 묻히고
몇 안 되는 동무들과 덩그러니 남은 산

사람들은 그 산을 좋아하는지
새벽부터 어스름 해 질 녘까지
찾고 또 찾는다
그리곤 허락도 받지 않고
나무와 꽃과 바람의 향기를
고작 땀과 함께 맞바꾸어 가져온다

사람들은 말한다
몸이 가벼워지고 건강해졌다고
이곳이 곧 천국이라고
그리곤 또 선심 쓰듯
먹고 남은 음식 찌꺼기를 던져준다

산이 웃는다

웃을 때마다 새소리가 들리고
웃을 때마다 향기가 피어난다
먹으면 먹을수록 가벼워지는 산의 향기
나무와 꽃과 바람의 향기

향기에 취했는지
몸이 가벼워졌는지
날갯짓하며 푸드덕 날아간 빈자리
비닐 봉지 한숨 쉬며 뒹굴고 있다

산이 거기 있다
헤일 수 없이 많은 사람을 품고
헤일 수 없는 많은 상처를 안고

해 저문 밤
도심의 불빛에 잠 못 이루는 산이
독한 냄새 풍기는 파스를 붙이고 있다
피 흘린 상처에 반창고를 붙이고 있다

아,
내일은 붕대가 필요할지도 모르겠다

순천 왜성

저 한가로이 거니는
두 부자의 뒷모습을 보라
저 평화가 어디서 왔는가
누가 이곳이, 정유년 그 옛날
치열했던 격전지라고 생각이나 하겠는가

호남 공략을 위해 왜군이 쌓았다는
수륙 요충지 순천 왜성
이 비극의 현장 맞은편에서
검단 산성을 목숨으로 지켰던
권율 장군의 쩌렁쩌렁한 호령이
천수기단 돌 틈으로 스며들어
바람이 불 때마다 귓가에 들리는 듯하다

남해안에 쌓은 많은(64개) 왜성 중
유일하게 남은 순천 왜성
아프고 치욕스럽지만 보존하여
지금도 호시탐탐 우리 땅을 노리는
저 간사한 무리의 악행들을
두고두고 가슴에 새기며
큰 교훈으로 삼아야 할 역사의 현장에
사월의 솔바람 서럽게 분다

하늘이 내린 정원 순천만이여

결 고운 붉은 치마
갯벌 위에 드리우고
황금빛 열두 줄 가야금을 뜯는
아, 부시도록 황홀한
낙조의 선율이여

이 눈 멀어도 나는 좋으리
이 가슴 터져도 나는 웃으리
자연의 경이로운 장관 펼쳐지는
천혜의 경승지

삼백예순다섯 날
그리워 그리워
홀로 찾고 함께 찾아
사색에 잠기며 걷는 길
사랑을 나누며 걷는 길

자연과 인간이 더불어 공존하는
거룩한 생명의 순례 길
아, 하늘이 내린 정원 순천만이여

외도에 핀 슬픈 장미

-세월호 희생자들을 추모하며

붉다
청춘의 피처럼 붉다
누가
저 청춘의 붉은 피를
빛도 없는
바다의 어둠 속에 가두었는가

곱다
너무 곱다
시들어 떨어져 버리기엔
참으로
아까운 청춘이다
누가
저 장미를 꺾으려 하는가

부끄럽다
차마
바다를 볼 수가 없다
흐느끼는 바다
아우성치는 바다
파도보다 먼저 밀려오는
저 슬프디 슬픈 곡조는

누구의 한 맺힌 절규인가

바라볼 수 없어
들을 수 없어
고개 돌려 귀를 막는
외도 버킹검 궁
기둥 뒤에 숨어 우는
한 송이 슬픈 장미여

그날의 기억 끌어안고
미안하고 부끄러워
고개 들지 못하는
피맺혀
더욱 붉은
한 송이 가여운 장미여

부서지고 허물어진
비너스 정원의 꿈이여

봉하 마을의 임

-故 노무현 대통령님을 추모하며

아름다운 오월 뒤로하고
봉화산 걸어가신
임이시여

발자국 자국마다
지나온 한 세월
얼룩진 눈가에
민초들 떠오르고
이마에 새겨진 한일(一) 자
오직 한 길
민주여 노동자여 민초들이여

부엉이 바위에서
내려다보는 봉하 마을
언제나 자애로운
어머니 품 같아
모든 고뇌 내던지고
어미 품 찾아 날아간
외로운 부엉이
아내여 자식이여 동지들이여

민초들 뜨거운 눈물

봉화를 적셔
온 나라 촛불로 화하니
역사에 길이 남을
임이시여
봉하 마을 부엉이로 부활하시어
이 나라 이 겨레 위해
어둠을 밝혀 주소서

오,
땅이여
바다여
하늘이시여

당신이 그리워요

- 故 김대중 대통령님을 추모하며

눈이 있어도 없는 듯 하여요
눈을 떠도 감은 듯 하여요
당신 없는 이 땅
당신이 아니 계시는 이 땅은
현실을 가늠할 수 없는
치열한 전쟁터 같아요

당신의 눈물로 지켜낸
다디단 평화의 빵을 먹으며
통일을 염원하던 우리는
당신이 아니 계시는 지금
퍼런 녹조 풀죽으로
허기진 배를 채우고
가라앉는 배 안에서
절규의 소금물을 마시며 쓰러져 가요

불나방,
어둠이 짙어가는 길목의
가로등 불빛을 향해 달려들어
곤두박질치며 꼬꾸라지는
저 불나방을 보아요
저 어리석은 자들의 추태를 보아요

얼마나 더 세월이 흘러야
당신의 참뜻을 알아줄까요
얼마나 더 많은 피눈물을 닦아줘야
여명의 아침을 깨우며
새벽길을 외로이 걷던
당신의 뒷모습만이라도
바로 볼 수 있을까요

총성 없는 전쟁터에서
뻥 뚫린 우리의 시린 가슴속으로
불법과 비리를 관행처럼 저지르는 불나방들이
하청업자가 되어 후비고 다니는 세상을
언제까지 이렇게 아픔으로 지켜봐야 하나요

당신이 그리워요
위태로운 현실의 무게를 느낄 때마다
가을 들판의 나락처럼
당신을 향한 그리움은
더욱 더 여물어만 가요
백두산 천지처럼 흘러 넘쳐요

당신은

우리이기 때문이에요
우리의 하늘
우리의 바다
우리의 마음
오롯이
우리의 우리였기 때문이에요

오월의 섬

-제36주년 5.18민중항쟁 기념식 추모시 낭독

모든 것이 멈추고
모든 것들로부터 외면당한
한 섬이 있었다
그 안의 어느 누구도
그걸 원하는 이는 없었다
그래서 고립되지 않으려
살아서 꽃 피우려
외치고 울부짖고 가슴을 쥐어뜯었다
그때가 오월이었다

빨간 장미 눈부신 아름다움도
하얀 아카시아 향기 달달함도
최루가스에 취해
비틀거리고 흔들거리며 눈물을 흘렸다
희뿌연 하늘에
더는 태극기 펄럭이지 않았고
공포의 비행기 소리 총소리
앙칼진 여자의 확성기 소리만이
우리의 모든 기관을 위협하고 불사르고
우리의 모든 것이 짓밟혀 흩어져 버린
그때가 바로 오월이었다

어느 것 하나 누구 한 사람
제대로인 것은 없었다
날뛰는 광란의 총칼 앞에
모든 것은 넋을 잃고
피눈물을 흘려야만 했던 그때
오월을 물들이는 빨간 장미를
오월을 수놓을 하얀 아카시아를
저 맑은 하늘에 펄럭이는 태극기를
다시 되찾아야 한다는 한 메아리가
넋을 잃은 가슴 가슴에
붉은 태극기 되어 꽂혔다

하여, 우리는
피를 흘려 빨간 장미를
백골이 되어 하얀 아카시아를
새가 되어
저 하늘에 펄럭이는 태극기를
다시, 다시 찾았다
그때가 바로 오월이었다

아무도, 누구 한 사람도
원하는 이 없었지만

일천구백팔십 년 오월
대한민국에는
지도에도 없는 섬 하나가
덩그러니 놓여 있었다

광주, 광주라는 이름의
붉은 태극기 꽂힌 심장으로
저들의 총칼과 맞선
오월의 섬
그 찬란히 빛나는 오월의 섬이

또다시 오월은 오고

-제37주년 5.18민중항쟁 기념식 추모시 낭독

또다시 오월은 오고
우리는 주검처럼 말이 없구나
저 푸르른 오월의 산하
그 어느 비탈진 산골짜기
찔레 덤불 속 어둠에 갇혀
당신은 꽃다운 청춘을 묻어버린 채
침묵하며 잠들어 계십니까

금남로에서 충장로에서 휘몰아치던
그날의 회오리바람
그날의 횃불이여
지금은 어느 하늘 아래 숨결 되어
자유의 깃발로 휘날리는가
민주의 등불로 타오르는가

그날의 선혈처럼 붉은
저 오월의 장미는
철조망 담장을 뛰어넘어
저리도 아프고 찬란하게 피었습니다
저리도 아련하고 향기롭게 피었습니다
이 땅의 장벽을 허물어뜨리려
자유와 민주를 갈망하며 외치던

임들의 거룩한 모습처럼

아, 오월의 영령들이여
오월의 신록처럼 앳되고 정의롭던 임들이여
서른일곱 해 전 그날에 흘린
어미의 눈물, 아비의 눈물, 형제의 눈물이
이제 메마른 들을 적시고
강물이 되어 흐르려 합니다
그 강물 흐른 곳에
이 땅의 눈물도 함께 흐르게 하소서
찔레꽃 만발한 강어귀에
하얀 찔레가시 면류관 쓰고
오월의 풀꽃 향기로 내려오소서

도청 앞 분수대 물줄기처럼 용솟음치던
열망에 찬 뜨거운 가슴을 열어
쓰라린 오월의 기억
눈물로 맺힌 그렁한 눈을 들어
이 나라 이 민족을 굽어 살피소서
밝아오는 새 아침의 새 지평을 열어
새 하늘 새 땅으로
우뚝, 솟아오르게 하소서

이 도서의 국립중앙도서관 출판예정도서목록(CIP)은 서지정보유통지원시스템 홈페이지(http://seoji.nl.go.kr)와 국가자료공동목록시스템(http://www.nl.go.kr/kolisnet)에서 이용하실 수 있습니다. (CIP제어번호 : CIP2017028550)

오월의 섬

초판 1쇄 발행 2017년 12월 1일

지은이 김오순 **펴낸이** 임정일
책임 임병천 **편집** 김지해 **디자인** 이동헌

펴낸곳 책나무출판사
출판신고 2004년 4월 22일(제318-00034)

주소 서울시 영등포구 신길3동 325-70 3F
전화 02-338-1228 **팩스** 0505-866-8254
홈페이지 www.booktree.info

ISBN 978-89-6339-559-3 03810

*이 책은 문화체육관광부, 전라남도 문화관광재단의 후원으로 제작되었습니다.